RECETAS DE
Y PLAZAS PARA
PRINCIPIANTES

MÁS DE 50 RECETAS FÁCILES, SALUDABLES Y DELICIOSAS

POR UN BUEN TIEMPO

ANTONIA GUTIERREZ

Reservados todos los derechos.

Descargo de responsabilidad

TABLA DE CONTENIDO

INTRODUCCIÓN

¿Por qué tanto alboroto alrededor de las barras y los cuadrados de postre?

¿Quizás es porque las barras y los cuadrados de postre parecen más factibles que un pastel elegante? ¿O tal vez es que tienden a ser suaves, pegajosos y sorprendentemente deliciosos? ¡También tienden a ser un gran regalo para llevar a una fiesta y son increíbles cuando llega el momento de hornear las fiestas!

Las barras y cuadrados de postre, son un tipo de "galleta de barra" americana que tiene la textura de un bizcocho firme o más suave de lo habitual. Se preparan en una sartén y luego se hornean en el horno. Se cortan en cuadrados o rectángulos. Los sabores populares incluyen barras de mantequilla de maní, barras de limón, barras de chocolate y coco, barras de piña, barras de manzana, barras de almendras, barras de toffee, barras de tarta de queso con chocolate, barra de siete capas, etc.

Además del azúcar, huevos, mantequilla, harina y leche, los ingredientes comunes son chispas de chocolate, nueces, mermelada de frambuesa, coco, cacao en polvo, galleta Graham, pudín, mini malvaviscos, mantequilla de maní, crema agria, ruibarbo, pretzels, dulces, vainilla, pasas y calabaza.

En este libro, he reunido la barra de postres favorita y las recetas cuadradas que puede llevar a fiestas y comidas compartidas, o disfrutar de un capricho en cualquier momento. B

¡Estas recetas fáciles son en las que confiará una y otra vez cuando alimente a un grupo de personas o se prepare para las fiestas!

1. Barras de anacardo con caramelo salado

Ingredientes:
- 2 tazas de harina para todo uso
- ½ cucharadita Levadura en polvo
- ½ cucharadita sal
- 12 cucharadas. mantequilla, a temperatura ambiente
- 6 cucharadas. mantequilla sin sal, cortada en trozos
- 1 taza de azúcar morena clara, bien compacta
- 1 huevo grande
- 3 cucharaditas extracto de vainilla
- 1½ tazas de azúcar granulada
- 1 taza de crema espesa
- 2 tazas de anacardos tostados y salados

a) Caliente el horno a 340 ° F (171 ° C). Forre una bandeja para hornear de 9 × 13 pulgadas (23 × 33 cm) con papel pergamino y reserve. En un tazón pequeño, combine la harina para todo uso, el polvo de hornear y ¼ de cucharadita de sal. Dejar de lado.

b) En un tazón mediano, mezcle 6 cucharadas de mantequilla, mantequilla sin sal y azúcar morena clara con una batidora eléctrica a velocidad media durante 5 minutos hasta que esté suave y esponjosa. Agregue el huevo y 1 cucharadita de extracto de vainilla y bata durante 2 minutos a velocidad baja hasta que se combinen.

c) Agrega la mezcla de harina y bate a velocidad media durante 2 a 3 minutos. Presione la mezcla de la corteza en la sartén preparada. Deje enfriar durante 30 minutos.

d) En una sartén antiadherente mediana a fuego medio, caliente el azúcar granulada. Cuando vea que el azúcar comienza a colorear, revuelva hasta que esté marrón claro, aproximadamente de 5 a 7 minutos. Agregue con cuidado la crema espesa y revuelva hasta que quede suave.

e) Baje el fuego a bajo y agregue las 6 cucharadas de mantequilla restantes, las 2 cucharaditas restantes de extracto de vainilla y el ¼ de cucharadita de sal restante. Revuelva hasta que la mantequilla se derrita y retire del fuego.

f) Agregue los anacardos a la mezcla de caramelo. Vierta la mezcla de caramelo y anacardos en la sartén sobre la corteza fría. Hornee por 20 minutos hasta que esté listo. Deje enfriar completamente antes de cortar.

2. Caramelos de pistacho

Ingredientes:
- ½ taza de mantequilla
- 2 tazas de azúcar morena oscura, bien compacta
- ½ taza de jarabe de maíz oscuro
- 2 tazas de crema espesa
- ¼ de cucharadita sal
- 1 taza de pistachos picados, tostados
- 2 cucharaditas extracto de vainilla

Direcciones
a) Cubra una sartén cuadrada de 8 pulgadas (20 cm) con papel de aluminio, rocíe con aceite en aerosol antiadherente y reserve.
b) En una cacerola mediana a fuego lento, derrita la mantequilla. Agregue azúcar morena, jarabe de maíz oscuro, 1 taza de crema espesa y sal. Deje hervir, revolviendo ocasionalmente, durante 12 a 15 minutos o hasta que la mezcla alcance los 225 ° F (110 ° C) en un termómetro para dulces.
c) Agregue lentamente la 1 taza de crema espesa restante. Lleve la mezcla a ebullición y cocine por 15 minutos más o hasta que alcance 250 ° F (120 ° C). Retirar del fuego y agregar los pistachos y el extracto de vainilla. Verter en el molde preparado.
d) Deje enfriar durante al menos 3 horas antes de retirarlo del papel de aluminio y cortar en 48 trozos.
e) Corta el papel encerado en 48 cuadrados de 7,5 cm (3 pulgadas). Coloque cada caramelo en el centro de un cuadrado de papel encerado, enrolle el papel alrededor del caramelo y gire los extremos del papel.

3. Cuadrados de lima

Ingredientes:
- 4 cucharadas. mantequilla sin sal, a temperatura ambiente
- 4 cucharadas. mantequilla, a temperatura ambiente
- ½ taza de azúcar glass
- 2 tazas más 5 cucharadas. harina para todo uso
- 1 cucharadita extracto de vainilla
- Pizca de sal
- 4 huevos grandes, ligeramente batidos
- 1¾ tazas de azúcar granulada
- ¼ de taza de jugo de lima
- 1 CUCHARADA. ralladura de lima rallada

Direcciones
1. Caliente el horno a 340 ° F (171 ° C). Cubra ligeramente un molde para hornear de 9 × 13 pulgadas (23 × 33 cm) con aceite en aerosol antiadherente y déjelo a un lado.
2. En un tazón grande, bata la mantequilla sin sal, la mantequilla y el azúcar de repostería con una batidora eléctrica a velocidad media durante 3 a 4 minutos o hasta que esté suave y esponjoso.
3. Agregue la harina para todo uso, el extracto de vainilla y la sal, y mezcle durante 2 a 3 minutos más o hasta que estén bien combinados.
4. Presione la masa en el fondo de la sartén preparada. Hornee durante 20 a 23 minutos, hasta que estén ligeramente dorados. Deje que la masa se enfríe durante 10 minutos.
5. En un tazón grande, mezcle los huevos y el azúcar granulada. Agregue el jugo de lima y la ralladura de lima, y bata bien.
6. Vierta la mezcla sobre la base enfriada y hornee por 23 a 25 minutos o hasta que cuaje. Deje enfriar completamente antes de cortar en 12 cuadrados.

7. Almacenamiento: Manténgase bien envuelto en plástico en el refrigerador hasta por 5 días.

4. Bocaditos de granola de chocolate blanco

Ingredientes:

- 1½ tazas de granola
- 3 cucharadas. mantequilla derretida
- 2 tazas de chocolate blanco derretido

Direcciones

1. Caliente el horno a 250 ° F (120 ° C). En una bandeja para hornear con borde, mezcle granola y 2 cucharadas de mantequilla. Coloque la bandeja para hornear en el horno durante 5 minutos.
2. Retire la bandeja para hornear y revuelva hasta que la granola esté completamente mezclada con la mantequilla. Regrese la bandeja para hornear al horno durante 15 minutos, revolviendo cada 5 minutos. Retirar del horno y dejar que la granola se enfríe por completo.
3. En una caldera doble a fuego medio, combine el chocolate blanco derretido y la cucharada restante de mantequilla. Revuelva durante 5 a 7 minutos, o hasta que el chocolate blanco se derrita por completo y se combine bien con la mantequilla. Retírelo del calor.
4. Agregue la granola enfriada a la mezcla de chocolate blanco. Deje caer las cucharadas colmadas sobre papel pergamino y deje que se enfríe completamente antes de servir.
5. Almacenamiento: Consérvese en un recipiente hermético a temperatura ambiente hasta por 1 semana.

5. Cuadritos de tocino confitado y caramelo

Ingredientes:
- 8 rebanadas de tocino
- ¼ de taza de azúcar morena clara, bien compacta
- 8 cucharadas. mantequilla ablandada
- 2 CUCHARADAS. mantequilla sin sal, ablandada
- ⅓ taza de azúcar morena, bien compacta
- ⅓ pasteleros de taza' azúcar
- 1½ tazas de harina para todo uso
- ½ cucharadita sal
- ½ taza de trocitos de caramelo
- 1 taza de chispas de chocolate amargo
- ⅓ taza de almendras picadas

Direcciones
1. Caliente el horno a 350 ° F (180 ° C). En un tazón mediano, mezcle el tocino y el azúcar morena clara, y coloque en una sola capa en una bandeja para hornear.
2. Hornee durante 20 a 25 minutos o hasta que el tocino esté dorado y crujiente. Retirar del horno y dejar enfriar durante 15 a 20 minutos. Picar en trozos pequeños.
3. Reduzca la temperatura del horno a 340 ° F (171 ° C). Cubra una bandeja para hornear de 9 × 13 pulgadas (23 × 33 cm) con papel de aluminio, rocíe con aceite en aerosol antiadherente y reserve.
4. En un tazón grande, mezcle la mantequilla, la mantequilla sin sal, el azúcar morena y el azúcar de repostería con una batidora eléctrica a velocidad media hasta que esté suave y esponjoso. Agregue la harina para todo uso y la sal gradualmente, mezclando hasta que se combinen. Agregue ¼ de taza de trocitos de caramelo hasta que estén distribuidos uniformemente.
5. Presione la masa en la sartén preparada y hornee por 25 minutos o hasta que se dore. Retirar del horno,

espolvorear con chispas de chocolate negro y dejar reposar durante 3 minutos o hasta que las chispas se ablanden.

6. Unte el chocolate ablandado uniformemente encima y espolvoree con almendras, tocino confitado y ¼ de taza de trocitos de caramelo restante. Deje enfriar durante 2 horas o hasta que el chocolate esté listo. Córtelo en 16 cuadrados de 5 cm (2 pulgadas).

7. Almacenamiento: Consérvese en un recipiente hermético en el refrigerador hasta por 1 semana.

6. Barras de ensueño de nuez y caramelo

Ingredientes:
- 1 caja de mezcla para pastel amarillo
- 3 cucharadas de mantequilla ablandada
- 1 huevo
- 14 onzas de leche condensada azucarada
- 1 huevo
- 1 cucharadita de extracto puro de vainilla
- 1/2 taza de nueces finamente molidas
- 1/2 taza de trocitos de caramelo finamente molidos

Direcciones:
a) Precaliente el horno a 350. Prepare un molde para pastel rectangular con aceite en aerosol y déjelo a un lado.
b) Combine la mezcla para pastel, la mantequilla y un huevo en un tazón y luego mezcle hasta que se desmorone. Presione la mezcla en el fondo de la sartén preparada y luego déjela a un lado.
c) En otro tazón, combine la leche, el huevo restante, el extracto, las nueces y los trocitos de caramelo.
d) Mezclar bien y verter sobre la base del molde. Hornea por 35 minutos.

7. Barritas de nuez crónica

INGREDIENTES

- 2 tazas de mitades de nueces
- 1 taza de harina de mandioca
- 1/2 taza de harina de linaza dorada
- 1/2 taza de coco rallado sin azúcar
- 1/2 taza de aceite de coco Cana
- 1/4 taza de miel
- 1/4 cucharadita Stevia líquida

DIRECCIONES

1. Mida 2 tazas de mitades de nueces y hornee durante 6-8 minutos a 350F en el horno. Solo lo suficiente para cuando empiecen a volverse aromáticos.
2. Retire las nueces del horno y luego agréguelas a una bolsa de plástico. Use un rodillo para triturarlos en trozos. No importa demasiado la consistencia,
3. Mezcle los ingredientes secos en un tazón: 1 taza de harina de mandioca, 1/2 taza de harina de linaza dorada y 1/2 taza de coco rallado sin azúcar.
4. Agregue las nueces trituradas al tazón y mezcle nuevamente.
5. Finalmente, agregue 1/2 taza de aceite de coco Cana, 1/4 taza de miel y 1/4 cucharadita. Stevia líquida. Mezcle bien hasta que se forme una masa desmenuzable.
6. Presione la masa en una cazuela.
7. Hornee durante 20-25 minutos a 350F, o hasta que los bordes estén ligeramente dorados.
8. Retirar del horno; Deje enfriar parcialmente y refrigere durante al menos 1 hora.
9. Cortar en 12 rodajas y retirar con una espátula.

8. Cuadritos de chía con mantequilla de almendras

INGREDIENTES

- 1/2 taza de almendras crudas
- 1 cucharada. + 1 cucharadita Aceite de coco
- cucharada AHORA Eritritol
- 2 cucharadas. Manteca
- 1/4 taza de crema espesa
- 1/4 cucharadita Stevia líquida
- 1 1/2 cucharadita Extracto de vainilla

DIRECCIONES

1　Agregue 1/2 taza de almendras crudas a una sartén y tueste durante unos 7 minutos a fuego medio-bajo. Lo suficiente para que empieces a oler la nuez que sale.

2　Agrega las nueces al procesador de alimentos y muélelas.

3　Una vez que alcancen una consistencia harinosa, agregue 2 cucharadas. AHORA Eritritol y 1 cucharadita. Aceite de coco.

4　Continúe moliendo las almendras hasta que la mantequilla de almendras se forme y se dore.

5　Una vez que la mantequilla esté dorada, agregue 1/4 taza de crema espesa, 2 cucharadas. AHORA Eritritol, 1/4 cucharadita. Stevia líquida y 1 1/2 cucharadita. Extracto de vainilla a la mantequilla. Baje el fuego y revuelva bien hasta que la crema burbujee.

6　Muele 1/4 taza de semillas de chía en un molinillo de especias hasta que se forme un polvo.

7　Comience a tostar las semillas de chía y 1/2 taza de hojuelas de coco rallado sin azúcar en una sartén a fuego medio bajo. Quieres que el coco se dore ligeramente.

8   Agregue mantequilla de almendras a la mezcla de mantequilla y crema espesa y revuelva bien. Deje que se cocine hasta que se convierta en una pasta.

9   En una fuente para hornear cuadrada (o del tamaño que desee), agregue la mezcla de mantequilla de almendras, la mezcla de chía tostada y coco y 1/2 taza de crema de coco. Puedes agregar la crema de coco a una sartén para que se derrita un poco antes de agregarla.

10 Agrega 1 cucharada. Aceite de coco y 2 cucharadas. Harina de coco y mezclar todo bien.

11 Con los dedos, coloque bien la mezcla en la fuente para hornear.

12 Refrigere la mezcla durante al menos una hora y luego sáquela de la fuente para hornear. Debería mantenerse en forma ahora.

13 Pica la mezcla en cuadrados o en cualquier forma que desees y vuelve a guardar en el refrigerador por al menos unas horas más. Puedes usar el exceso de mezcla para formar más cuadrados, pero yo me lo comí.

14 ¡Saca y come como quieras!

9. **Pepitas de semillas de chía**

INGREDIENTES
- 2 cucharadas de aceite de coco
- 1/2 taza de semillas de chía, molidas
- 3 onzas. Queso cheddar rallado
- 1 1/4 taza de agua helada
- 2 cucharadas. Polvo de cáscara de psyllium
- 1/4 cucharadita Goma xantana
- 1/4 cucharadita Polvo de ajo
- 1/4 cucharadita Cebolla en polvo
- 1/4 cucharadita Orégano
- 1/4 cucharadita Pimenton
- 1/4 cucharadita Sal
- 1/4 cucharadita Pimienta

DIRECCIONES

1. Precaliente el horno a 375F. Muele 1/2 taza de semillas de chía en un molinillo de especias. Quieres una comida con textura.

2. Agregue semillas de chía molidas, 2 cucharadas. Polvo de cáscara de psyllium, 1/4 cucharadita. Goma xantana, 1/4 cucharadita. Ajo en polvo, 1/4 cucharadita. Cebolla en polvo, 1/4 cucharadita. Orégano, 1/4 cucharadita. Pimentón, 1/4 cucharadita. Sal y 1/4 cucharadita. Pimienta en un bol. Mezcle bien todo esto.

3. Agrega 2 cucharadas. Aceite de coco a los ingredientes secos y mezclar. Debería adquirir la consistencia de arena húmeda.

4. Agregue 1 1/4 taza de agua helada al tazón. Mézclalo muy bien. Es posible que deba dedicar más tiempo a mezclarlo, ya que las semillas de chía y el psyllium tardan un poco en absorber el agua. Sigue mezclando hasta que se forme una masa sólida.
5. Ralla 3 oz. Queso Cheddar y agréguelo al bol.
6. Con las manos, amase la masa. Desea que esté relativamente seco y no pegajoso para cuando termine.
7. Ponga la masa en un silpat y déjela reposar unos minutos.
8. Extienda o extienda la masa hasta que cubra todo el silpat. Si puede adelgazarlo, siga enrollando y guarde el exceso para una segunda cocción.
9. Hornee durante 30-35 minutos en el horno hasta que esté cocido.
10. Sácalos del horno y, mientras están calientes, córtalos en galletas individuales.
11. Puede usar el borde romo de un cuchillo (no corte la silicona) o una espátula grande.
12. Vuelva a colocar las galletas en el horno durante 5-7 minutos a la parrilla o hasta que la parte superior esté dorada y bien crujiente. Retirar del horno y dejar enfriar sobre una rejilla. A medida que se enfrían, se vuelven más crujientes.
13. Sirve con tus salsas favoritas. Estoy usando mi alioli de chipotle y ajo asado.

10. Barritas de chocolate y nueces proteicas

Porciones: 12 barritas Tiempo de preparación: 1 hora

Ingredientes:

- Mantequilla de nueces 100% pura, 250 g
- Semilla de barbas tostadas, 1 ½ cucharadita
- Yogur natural sin grasa, 110 g
- Polvo de proteína de suero 100%, 100 g
- Canela, 1 ½ cucharaditas
- Nibs de cacao crudo, 4 cucharaditas
- 85% chocolate negro, 100 g
- Extracto puro de vainilla, 1 cucharada
- Polvo de proteína de guisante 100%, 30 g

Método:

a) Agregue todos los ingredientes, excepto el chocolate, al procesador de alimentos y presione hasta que quede suave.

b) Haz 12 barras de la mezcla y refrigéralas durante 30 minutos.

c) Cuando las barras estén firmes, derrita el chocolate en el microondas y sumerja cada barra en ella y cúbralas bien.

d) Coloque las barras recubiertas en una hoja forrada y refrigere nuevamente por 30 minutos o hasta que el chocolate esté firme.

e) Disfrutar.

11. Barras de proteína de chocolate alemán

Raciones: 12 barritas

Tiempo de preparación: 2 horas 20 minutos.

Ingredientes:

- Avena, 1 taza
- Coco rallado, ½ taza + ¼ taza, cantidad dividida
- Polvo de proteína de soja, ½ taza
- Nueces pecanas, ½ taza + ¼ taza, picadas, cantidad dividida
- Agua, hasta ¼ de taza
- Cacao en polvo, ¼ de taza
- Extracto de vainilla, 1 cucharadita
- Nibs de cacao, 2 cucharadas
- Sal, ¼ de cucharadita
- Dátiles Medjool, 1 taza, sin hueso y remojados durante 30 minutos

Método:

a) Procese la avena hasta obtener una harina fina, luego agregue el cacao en polvo y la proteína en polvo, procese nuevamente.

b) Mientras tanto, escurre los dátiles y agrégalos al procesador de alimentos. Pulse durante 30 segundos y luego agregue ½ taza de coco rallado y ½ taza de nueces, seguido de sal y vainilla.

c) Procesa de nuevo y sigue añadiendo agua poco a poco y forma una masa.

d) Coloque la masa en un tazón grande y agregue las nueces restantes y el coco, seguido de las semillas de cacao.

e) Coloque la masa sobre papel pergamino y cúbrala con otro pergamino y forme un cuadrado grueso.

f) Refrigere durante 2 horas, luego retire el papel pergamino y córtelo en 12 barras de la longitud deseada.

12. Barritas de proteína Blueberry Bliss

Ingredientes:

- Copos de avena 100% puros no contaminados, 1 + ½ tazas
- Pepitas, 1/3 taza
- Almendras enteras, ¾ taza
- Salsa de manzana sin azúcar ¼ taza
- Arándanos secos, ½ taza colmada
- Semillas de girasol, ¼ de taza
- Mantequilla de almendras, 1 taza
- Jarabe de arce, 1/3 taza
- Nueces, 1/3 taza
- Pistachos, ½ taza
- Semillas de lino molidas, 1/3 taza

Método:

a) Forre un molde para hornear con papel encerado y déjelo a un lado.

b) En un tazón grande combine la avena en rollo, las almendras, las semillas de girasol, los frutos secos, las nueces, los pistachos, las semillas de lino y las pepitas.

c) Rocíe la salsa de manzana y el jarabe de arce encima y mezcle bien.

d) Ahora agregue la mantequilla y combine bien.

e) Transfiera la masa a la sartén e iguale desde la parte superior.

f) Congela por una hora. Cuando la mezcla esté completamente asentada, déle la vuelta sobre la encimera.

g) Corte en 16 barras con el grosor deseado y la longitud.

13. Mantequilla de maní con chispas de chocolate y barras de proteína

Ingredientes:
- Harina de coco, ¼ de taza
- Stevia de vainilla, 1 cucharadita
- Harina de maní, 6 cucharadas
- Extracto de vainilla, 1 cucharadita
- Sal, ¼ de cucharadita
- Chips de chocolate en miniatura, 1 cucharada
- Aceite de coco, 1 cucharadita, derretido y enfriado ligeramente
- Aislado de proteína de soja, 6 cucharadas
- Leche de anacardo sin azúcar, ½ taza + 2 cucharadas

Método:
a) Cubra un molde para pan con papel encerado. Mantener a un lado.
b) Combine ambas harinas con proteína de soja y sal.
c) En otro tazón, revuelva la leche de coco con stevia, la leche de anacardo y la vainilla. Vierta esta mezcla gradualmente en la mezcla de harina y bata bien para combinar.
d) Ahora agregue ½ chispas de chocolate y dóblelas suavemente en la mezcla.
e) Transfiera la mezcla a un molde para pan preparado y extienda uniformemente con una espátula.
f) Cubra con las chispas de chocolate restantes y congele durante 3 horas.
g) Cortar en rodajas al grosor y largo deseados.

14. Barritas de proteína de semilla de cáñamo de calabaza cruda

Ingredientes:

- Dátiles Medjool, ½ taza, sin hueso
- Extracto de vainilla, ½ cucharadita
- Semillas de calabaza, ¼ de taza
- Sal, ¼ de cucharadita
- Canela, ½ cucharadita
- Mantequilla de semillas de cáñamo, ½ taza
- Nuez moscada, ¼ de cucharadita
- ¼ de taza de agua
- Avena cruda, 2 tazas
- Semillas de chía, 2 cucharadas

Método:

a) Forre una bandeja para hornear con papel pergamino y déjela a un lado. Remoje las fechas durante 30 minutos y luego mezcle hasta que quede suave.

b) Transfiera la mezcla a un tazón y agregue la mantequilla de cáñamo y combine bien.

c) Ahora agregue los ingredientes restantes y dóblelos suavemente para incorporarlos bien.

d) Transfiera a la sartén e iguale con una espátula.

e) Coloque en la nevera durante 2 horas y luego córtelo en 16 barras.

15. Crunch de proteína de vainilla y jengibre

Ingredientes:

- Mantequilla, 2 cucharadas
- Avena, 1 taza
- Almendras crudas, ½ taza, picadas
- Leche de coco, ¼ de taza
- Coco rallado, ¼ de taza
- Proteína en polvo (vainilla), 2 cucharadas
- Jarabe de arce, ¼ de taza
- Jengibre cristalizado, ½ taza, picado
- Copos de maíz, 1 taza, machacados hasta obtener migas voluminosas Semillas de girasol, ¼ de taza

Método:

a) Derrita la mantequilla en una sartén y agregue el jarabe de arce. Revuelva bien.

b) Agregue la leche seguida de proteína en polvo y revuelva bien para combinar. Cuando la mezcla adquiera una consistencia suave, apague el fuego.

c) En un tazón grande agregue las semillas de girasol, las almendras, la avena, los copos de maíz y ¾ trozos de jengibre.

d) Vierta la mezcla sobre los ingredientes secos y combine bien.

e) Transfiera a un molde para pan preparado con papel encerado y extienda en una capa uniforme.

f) Cubra con el jengibre restante y el coco y hornee por 20 minutos a 325 ° F. Déjelo enfriar antes de cortarlo.

16. Barras de pretzel de mantequilla de maní

Ingredientes:

- Patatas fritas de soja, 5 tazas
- Agua, ½ taza
- Mini rosquillas de pretzel, 6, picadas
- Mantequilla de maní en polvo, 6 cucharadas
- Cacahuetes, 2 cucharadas, picados
- Polvo de proteína de soja, 6 cucharadas
- Chips de mantequilla de maní, 2 cucharadas, cortadas por la mitad Agave, 6 cucharadas

Método:

a) Rocíe un molde para hornear con aceite en aerosol y déjelo a un lado.

b) Procese las patatas fritas de soja en un procesador de alimentos y agréguelas a un tazón.

c) Agregue proteína en polvo y mezcle.

d) Calentar una cacerola y agregar agua, agave y mantequilla en polvo. Revuelva mientras cocina a fuego medio durante 5 minutos. Deje que la mezcla hierva durante unos segundos y luego la mezcla de soja sin dejar de remover constantemente.

e) Transfiera la mezcla a la sartén preparada y cubra con pretzels, maní y chips de mantequilla de maní.

f) Refrigere hasta que esté firme. Corta en barras y disfruta.

17. Proteína de arándano y almendra

.Ingredientes:

- Almendras tostadas con sal marina, 2 tazas
- Copos de coco sin azúcar, ½ taza
- Cereal de arroz inflado, 2/3 tazas
- Extracto de vainilla, 1 cucharadita
- Arándanos secos, 2/3 tazas
- Semillas de cáñamo, 1 cucharada colmada
- Jarabe de arroz integral, 1/3 taza de miel, 2 cucharadas

Método:

a) Combine las almendras con los arándanos, las semillas de cáñamo, el cereal de arroz y el coco. Mantener a un lado.

b) En una cacerola agregue la miel seguida de vainilla y almíbar de arroz. Revuelva y hierva durante 5 minutos.

c) Vierta la salsa sobre los ingredientes secos y revuelva rápidamente para combinar.

d) Transfiera la mezcla a una bandeja para hornear preparada y extienda en una capa uniforme.

e) Refrigere por 30 minutos.

f) Cuando estén listos, córtelos en barras del tamaño deseado y disfrútelos.

18. Pastel de Proteína Triple Chocolate

Ingredientes:

- Harina de avena, 1 taza
- Bicarbonato de sodio, ½ cucharadita
- Leche de almendras, ¼ de taza
- Polvo de proteína de suero de chocolate, 1 cucharada
- Mezcla para hornear de stevia, ¼ de taza
- Harina de almendras, ¼ de taza
- Chips de chocolate amargo, 3 cucharadas
- Sal, ¼ de cucharadita
- Nueces, 3 cucharadas, picadas
- Cacao en polvo oscuro sin azúcar, 3 cucharadas
- Salsa de manzana sin azúcar, 1/3 taza
- Huevo, 1
- Yogur griego natural, ¼ de taza
- Claras de huevo líquidas, 2 cucharadas
- Polvo de proteína de suero de vainilla, 1 cucharada

Método:

a) Precaliente el horno a 350 F.

b) Engrase un molde para hornear con aceite en aerosol y déjelo a un lado.

c) En un tazón grande, combine ambas harinas con sal, bicarbonato de sodio, proteínas en polvo y cacao en polvo oscuro. Mantener a un lado.

d) En otro tazón, bata los huevos con stevia y bata hasta que estén bien combinados, luego agregue los ingredientes húmedos restantes y vuelva a batir.

e) Poco a poco, mezcle la mezcla húmeda con la mezcla seca y mezcle bien para combinar.

f) Agregue nueces y chispas de chocolate, dóblelas suavemente.

g) Transfiera la mezcla a la sartén preparada y hornee por 25 minutos.

h) Deje enfriar antes de sacar de la sartén y cortar

19. Barritas de chocolate y frambuesa

Ingredientes:
- Mantequilla de maní o almendras, ½ taza
- Linaza, ¼ taza
- Agave azul, 1/3 taza
- Polvo de proteína de chocolate, ¼ de taza
- Frambuesas, ½ taza
- Copos de avena instantánea, 1 taza

Método:
a) Combine la mantequilla de maní con el agave y cocine a fuego lento, revolviendo constantemente.

b) Cuando la mezcla forme una textura suave agréguela a la avena, la linaza y la proteína. Mezclar bien.

c) Agregue las frambuesas y dóblelas suavemente.

d) Transfiera la masa a la sartén preparada y congele durante una hora.

e) Cortar en 8 barras cuando esté firme y disfrutar.

20. Barras de masa para galletas de mantequilla de maní

Ingredientes:

- Copos de avena, ¼ de taza
- Mantequilla de maní, 3 cucharadas
- Proteína en polvo, ½ taza
- Sal, una pizca
- Grandes dátiles Medjool, 10
- Anacardos crudos, 1 taza
- Jarabe de arce, 2 cucharadas de cacahuetes enteros, para decorar

Método:

a) Pulse la avena en un procesador de alimentos hasta obtener harina fina.

b) Ahora agregue todos los ingredientes excepto los cacahuetes enteros y procese hasta que quede suave.

c) Pruebe y haga los ajustes que desee.

d) Transfiera la mezcla a un molde para pan y cubra con maní entero.

e) Refrigere por 3 horas. Cuando la mezcla esté firme, colóquela en la encimera de la cocina y córtela en 8 barras de la longitud deseada.

21. Barritas de proteína de muesli

Ingredientes:

- Leche de almendras sin azúcar, ½ taza
- Miel, 3 cucharadas
- Quinua, ¼ de taza, cocida
- Semillas de chía, 1 cucharadita
- Harina, 1 cucharada
- Polvo de proteína de chocolate, 2 cucharadas
- Chispas de chocolate, ¼ de taza
- Canela, ½ cucharadita
- Plátano maduro, ½, triturado
- ¼ de taza de almendras, en rodajas
- Muesli, 1 ½ taza, de tu marca favorita

Método:

a) Precaliente el horno a 350 F.

b) Revuelva la leche de almendras con el puré de plátano, las semillas de chía y la miel en un tazón mediano y reserve.

c) En otro tazón combine los ingredientes restantes y mezcle bien.

d) Ahora vierte la mezcla de leche de almendras sobre los ingredientes secos y dobla todo bien.

e) Transfiera la masa a una sartén y hornee durante 20-25 minutos.

f) Deje enfriar antes de retirar de la sartén y rebanar.

22. Barritas de proteína de pastel de zanahoria

Ingredientes:

Para las barras:

- Harina de avena, 2 tazas
- Leche sin lácteos, 1 cucharada
- Especias mixtas, 1 cucharadita
- Polvo de proteína de vainilla, ½ taza
- Zanahorias, ½ taza, machacadas
- Canela, 1 cucharada
- Harina de coco, ½ taza, tamizada
- Jarabe de arroz integral, ½ taza
- Edulcorante granulado de su elección, 2 cucharadas
- Mantequilla de almendras, ¼ de taza

Para el glaseado:

- Polvo de proteína de vainilla, 1 cucharada
- Leche de coco, 2-3 cucharadas
- Queso crema, ¼ de taza

Método:

a) Para preparar barras de proteína combine la harina con una mezcla de especias, proteína en polvo, canela y edulcorante.

b) En otro pero mezcle la mantequilla con el edulcorante líquido y cocine en el microondas durante unos segundos hasta que se derrita.

c) Transfiera esta mezcla al tazón de harina y mezcle bien.

d) Ahora agregue las zanahorias y dóblelas suavemente.

e) Ahora agregue gradualmente la leche, revolviendo constantemente hasta lograr la consistencia requerida.

f) Transfiera a una sartén preparada y refrigere por 30 minutos.

g) Mientras tanto, prepare el glaseado y combine la proteína en polvo con el queso crema.

h) Agregue gradualmente la leche y revuelva bien hasta obtener la textura deseada.

i) Cuando la mezcla esté lista, córtela en barras de la longitud deseada y aplique una capa de glaseado sobre cada barra.

23. Barras de naranja y bayas de goji

Ingredientes:

- Polvo de proteína de suero de vainilla, ½ taza
- Cáscara de naranja, 1 cucharada, rallada
- Almendras molidas, ¾ taza
- 85% chocolate negro, 40 g, derretido
- Leche de coco, ¼ de taza
- Harina de coco, ¼ de taza
- Chile en polvo, 1 cucharadita
- Esencia de vainilla, 1 cucharada
- Bayas de Goji, ¾ taza

Método:

a) Combine la proteína en polvo con la harina de coco en un tazón.
b) Agregue los ingredientes restantes a la mezcla de harina.
c) Revuelva la leche y combine bien.
d) Forme barras con la masa y colóquelas en una hoja.
e) Derrita el chocolate y déjelo enfriar durante unos minutos, luego sumerja cada barra en chocolate derretido y colóquelo en la bandeja para hornear.
f) Refrigera hasta que el chocolate esté completamente firme.
g) Disfrutar.

24. Barrita de proteína de fresa madura

Ingredientes:

- Fresas liofilizadas, 60 g
- Vainilla, ½ cucharadita
- Coco rallado sin azúcar, 60 g
- Leche de almendras sin azúcar, 60 ml
- Proteína de suero en polvo sin sabor, 60 g Chocolate negro, 80 g

Método:

a) Procese las fresas secas hasta que estén molidas y luego agregue el suero, la vainilla y el coco. Procese nuevamente hasta que se forme una mezcla fina y molida.

b) Agrega la leche a la mezcla y procesa hasta que todo esté bien incorporado.

c) Cubra un molde para pan con papel encerado y transfiera la mezcla a él.

d) Use una espátula para esparcir uniformemente la mezcla.

e) Refrigere hasta que la mezcla esté firme.

f) Calienta el chocolate negro en el microondas durante 30 segundos. Revuelva bien hasta que esté suave y completamente derretido.

g) Deje que el chocolate se enfríe un poco y, mientras tanto, corte la mezcla de fresa en ocho barras del grosor deseado.

h) Ahora, una a una, sumerja cada barra en el chocolate y cúbralas bien.

i) Coloque las barras recubiertas en una bandeja para hornear en línea. Una vez que todas las barras estén cubiertas, refrigéralas hasta que el chocolate esté cuajado y firme.

25. Barritas de proteína de moca

Ingredientes:

- Harina de almendras, 30 g
- Harina de coco, 30 g
- Espresso, 60 g, recién hecho y enfriado
- Aislado de proteína de suero sin sabor, 60 g
- Azúcar de coco, 20 g
- Cacao en polvo sin azúcar, 14 g
- Chocolate negro con 70% -85% de sólidos de cacao, 48 g

Método:

a) Combine todos los ingredientes secos.

b) Revuelva el expresso y bata bien para combinar sin dejar grumos.

c) La mezcla se convertirá en una bola suave en este punto.

d) Divídalo en seis piezas de igual tamaño y forme una barra con cada pieza. Coloca las barras en una hoja y cúbrela con plástico. Refrigera por una hora.

e) Una vez que las barras estén listas, cocine el chocolate negro en el microondas y revuelva hasta que se derrita.

f) Cubra cada barra con chocolate derretido y colóquelas en una bandeja para hornear forrada con cera.

g) Rocíe el chocolate restante en la parte superior en forma de remolino y refrigere nuevamente hasta que el chocolate esté firme.

26. Barras de proteína de chocolate y plátano

Ingredientes:

- Plátano liofilizado, 40g
- Leche de almendras, 30 ml
- Aislado de proteína en polvo con sabor a plátano, 70 g
- Mantequilla de maní 100%, 25 g
- Copos de avena sin gluten, 30 g
- 100% chocolate, 40 g
- Edulcorante al gusto

Método:

a) Plátano molido en un procesador de alimentos. Ahora agregue proteína en polvo y avena, procese nuevamente hasta que esté finamente molido.

b) Revuelva los ingredientes restantes, excepto el chocolate, y procese nuevamente hasta que quede suave.

c) Transfiera la mezcla a un molde para pan forrado y cubra con plástico. Refrigere hasta que esté firme.

d) Cuando las barras estén colocadas, córtelas en cuatro barras.

e) Ahora derrita el chocolate en el microondas y déjelo enfriar un poco antes de sumergir cada barra de plátano en él. Cubre bien y refrigera las barras nuevamente hasta que el chocolate esté firme.

27. Barras crudas celestiales

Ingredientes:

- Leche de coco, 2 cucharadas
- Cacao en polvo sin azúcar, según sea necesario
- Proteína en polvo, 1 ½ cucharada
- Harina de linaza, 1 cucharada

Método:

a) Combina todos los ingredientes.

b) Engrase una bandeja para hornear con aceite en aerosol y transfiera la masa a ella.

c) Deje reposar la mezcla a temperatura ambiente hasta que esté firme.

28. Barras de monstruos

- 1/2 taza mantequilla ablandada
- 1 c. azúcar moreno, envasado
- 1 c. azúcar
- 1-1 / 2 taza mantequilla de maní cremosa
- 3 huevos batidos
- 2 t. extracto de vainilla
- 2 t. bicarbonato de sodio
- 4-1 / 2 c. avena de cocción rápida, sin cocer
- 1 c. chips de chocolate semidulce
- 1 c. chocolates recubiertos de caramelo

a) En un tazón grande, mezcle todos los ingredientes en el orden indicado. Extienda la masa en un molde para rollos de gelatina engrasado de 15 "x 10".

b) Hornee a 350 grados durante 15 minutos o hasta que estén ligeramente dorados.

c) Dejar enfriar y cortar en barras. Rinde aproximadamente 1-1 / 2 docena.

29. Barras de crumble de arándanos

- 1-1 / 2 taza azucar, en partes
- 3 c. harina para todo uso
- 1 t. Levadura en polvo
- 1/4 t. sal
- 1/8 t. canela
- 1 c. acortamiento
- 1 huevo batido
- 1 cucharada de maicena
- 4 c. arándanos

a) Mezcle una taza de azúcar, harina, polvo de hornear, sal y canela.

b) Use un cortador de masa o un tenedor para cortar la manteca y el huevo; la masa se desmoronará.

c) Coloca la mitad de la masa en un molde para hornear engrasado de 13 "x 9"; dejar de lado.

d) En un tazón aparte, mezcle la maicena y el azúcar restante; doble suavemente las bayas.

e) Espolvoree la mezcla de arándanos uniformemente sobre la masa en el molde.

f) Desmenuza la masa restante por encima. Hornee a 375 grados durante 45 minutos, o hasta que la parte superior esté ligeramente dorada. Déjelo enfriar completamente antes de cortarlo en cuadritos. Hace una docena.

30. Barras de goma de mascar

- 1/2 taza mantequilla derretida
- 1/2 t. Levadura en polvo
- 1-1 / 2 taza azúcar moreno, envasado
- 1/2 t. sal
- 2 huevos batidos
- 1/2 taza nueces picadas
- 1-1 / 2 taza harina para todo uso
- 1 c. gomitas, picadas
- 1 t. extracto de vainilla
- Decoración: azúcar en polvo

a) En un tazón grande, mezcle todos los ingredientes excepto el azúcar en polvo.

b) Extienda la masa en un molde para hornear de 13 "x 9" engrasado y enharinado. Hornee a 350 grados durante 25 a 30 minutos, hasta que estén doradas.

c) Espolvorea con azúcar glass. Fresco; cortar en barras. Hace 2 docenas.

31. Barritas de nueces saladas

- 18-1 / 2 oz. paq. la mezcla de torta amarilla
- 3/4 taza mantequilla, derretida y dividida
- 1 huevo batido
- 3 c. mini malvaviscos
- 10 onzas. paq. chips de mantequilla de maní
- 1/2 taza jarabe de maíz ligero
- 1 t. extracto de vainilla
- 2 c. cacahuetes salados
- 2 c. cereal de arroz crujiente

a) En un tazón, mezcle la mezcla para pastel seco, 1/4 taza de mantequilla y huevo; presione la masa en un molde para hornear engrasado de 13 "x 9". Hornee a 350 grados durante 10 a 12 minutos.

b) Espolvorea malvaviscos sobre la corteza horneada; Regrese al horno y hornee por 3 minutos adicionales, o hasta que los malvaviscos se derritan. En una cacerola a fuego medio, derrita los chips de mantequilla de maní, el jarabe de maíz, la mantequilla restante y la vainilla.

c) Agregue las nueces y el cereal. Unte la mezcla de mantequilla de maní sobre la capa de malvavisco. Enfríe hasta que esté firme; cortar en cuadrados. Rinde 2-1 / 2 docenas.

32. Barritas de cereza de la Selva Negra

- 3 21 onzas latas de relleno de pastel de cereza, dividido
- 18-1 / 2 oz. paq. mezcla de pastel de chocolate
- 1/4 taza petróleo
- 3 huevos batidos
- 1/4 taza brandy con sabor a cereza o jugo de cereza
- 6 onzas. paq. chips de chocolate semidulce
- Opcional: cobertura batida

a) Refrigere 2 latas de relleno para pastel hasta que se enfríe. Con una batidora eléctrica a baja velocidad, bata la lata restante de relleno para pastel, la mezcla seca para pastel, el aceite, los huevos y el brandy o el jugo de cereza hasta que estén bien mezclados.
b) Incorpora las chispas de chocolate.
c) Vierta la masa en un molde para hornear de 13 "x 9" ligeramente engrasado. Hornee a 350 grados durante 25 a 30 minutos, hasta que un palillo pruebe que está limpio; enfriar. Antes de servir, esparza uniformemente el relleno de pastel frío por encima.
d) Cortar en barras y servir con cobertura batida, si lo desea. Sirve de 10 a 12.

33. Barras de palomitas de maíz con arándanos

- 3 onzas. paq. palomitas de maíz para microondas, reventadas
- 3/4 taza chispas de chocolate blanco
- 3/4 taza arándanos secos endulzados
- 1/2 taza coco en hojuelas endulzado

- 1/2 taza almendras rebanadas, picadas en trozos grandes
- 10 onzas. paq. Malvaviscos
- 3 cucharadas de mantequilla

a) Cubra un molde para hornear de 13 "x 9" con papel de aluminio; rocíe con spray vegetal antiadherente y reserve. En un tazón grande, mezcle las palomitas de maíz, las chispas de chocolate, los arándanos, el coco y las almendras; dejar de lado. En una cacerola a fuego medio, revuelva los malvaviscos y la mantequilla hasta que se derrita y quede suave.

b) Vierta sobre la mezcla de palomitas de maíz y revuelva para cubrir completamente; transfiera rápidamente a la sartén preparada.

c) Coloque una hoja de papel encerado encima; presione hacia abajo con firmeza. Enfríe durante 30 minutos o hasta que esté firme. Levante las barras de la sartén, usando papel de aluminio como manijas; despegue el papel de aluminio y el papel encerado. Cortar en barras; enfríe 30 minutos más. Rinde 16.

34. Hola Dolly Bars

- 1/2 taza margarina
- 1 c. migas de galletas Graham
- 1 c. coco en hojuelas endulzado
- 6 onzas. paq. chips de chocolate semidulce
- 6 onzas. paq. chips de caramelo
- 14 onzas lata de leche condensada azucarada
- 1 c. nueces picadas

a) Mezcle la margarina y las migas de galletas Graham; presiónelo en un molde para hornear de 9 "x 9" ligeramente engrasado. Cubra con coco, chispas de chocolate y chispas de caramelo.

b) Vierta la leche condensada por encima; espolvorear con nueces. Hornee a 350 grados durante 25 a 30 minutos. Dejar enfriar; cortar en barras. Rinde de 12 a 16.

35. Barras de crema irlandesa

- 1/2 taza mantequilla ablandada
- 3/4 taza más 1 cucharada de harina para todo uso, cantidad dividida
- 1/4 taza azúcar en polvo
- 2 cucharadas de cacao para hornear
- 3/4 taza crema agria
- 1/2 taza azúcar
- 1/3 c. Licor de crema irlandesa
- 1 huevo batido
- 1 t. extracto de vainilla
- 1/2 taza crema batida
- Opcional: chispas de chocolate

a) En un tazón, mezcle la mantequilla, 3/4 taza de harina, el azúcar en polvo y el cacao hasta que se forme una masa suave.

b) Presione la masa en un molde para hornear de 8 "x 8" sin engrasar. Hornee a 350 grados durante 10 minutos.

c) Mientras tanto, en un recipiente aparte, mezcle la harina restante, la crema agria, el azúcar, el licor, el huevo y la vainilla.

d) Mezclar bien; verter sobre la capa horneada. Regrese al horno y hornee de 15 a 20 minutos adicionales, hasta que el relleno esté listo.

e) Déjelo enfriar un poco; refrigere por lo menos 2 horas antes de cortar en barras. En un tazón pequeño, con una batidora eléctrica a alta velocidad, bata la nata montada hasta que se formen picos rígidos.

f) Sirva barras cubiertas con cucharadas de crema batida y espolvorea, si lo desea.

g) Manténgase refrigerado. Hace 2 docenas.

36. Barras de remolino de plátano

- 1/2 taza mantequilla ablandada
- 1 c. azúcar
- 1 huevo
- 1 t. extracto de vainilla
- 1-1 / 2 taza plátanos, machacados
- 1-1 / 2 taza harina para todo uso
- 1 t. Levadura en polvo
- 1 t. bicarbonato de sodio
- 1/2 t. sal
- 1/4 taza de cacao para hornear

a) En un bol, bata la mantequilla y el azúcar; agregue el huevo y la vainilla. Mezclar bien; agregue los plátanos. Dejar de lado. En un recipiente aparte, combine la harina, el polvo de hornear, el bicarbonato de sodio y la sal; mezcle con la mezcla de mantequilla. Divida la masa por la mitad; agregue el cacao a la mitad.

b) Vierta la masa simple en un molde para hornear engrasado de 13 "x 9"; coloque la masa de chocolate encima. Gire con un cuchillo de mesa; hornee a 350 grados durante 25 minutos.

c) Fresco; cortar en barras. Rinde 2-1 / 2 a 3 docenas.

37. barras de queso crema y calabaza

- 16 onzas. paq. mezcla de bizcocho
- 3 huevos, divididos
- 2 cucharadas de margarina, derretida y ligeramente enfriada
- 4 t. especias para pastel de calabaza, cantidad dividida
- 8 oz. paq. queso crema, ablandado
- 14 onzas lata de leche condensada azucarada
- 15 onzas puede calabaza
- 1/2 t. sal

a) En un tazón grande, combine la mezcla para pastel seco, un huevo, margarina y 2 cucharaditas de especias para pastel de calabaza; mezclar hasta que se desmorone. Presione la masa en un molde para rollos de gelatina engrasado de 15 "x 10". En un tazón aparte, bata el queso crema hasta que quede esponjoso.

b) Batir la leche condensada, la calabaza, la sal y el resto de los huevos y las especias. Mezclar bien; esparcir sobre la corteza. Hornee a 350 grados durante 30 a 40 minutos. Fresco; refrigere antes de cortar en barras. Hace 2 docenas.

38. Barras de granola

Ingredientes:

- Semillas de calabaza, ½ taza
- Miel, ¼ de taza
- Semillas de cáñamo. 2 cucharadas
- Harina de coco, ½ taza
- Canela, 2 cucharaditas
- Polvo de alcachofa, 1 cucharada
- Polvo de proteína de vainilla, ¼ de taza
- Mantequilla de coco, 2 cucharadas
- Bayas de Goji, 1/3 taza
- Pistachos, ½ taza, picados
- Sal, una pizca
- Aceite de coco, 1/3 taza
- Leche de cáñamo, 1/3 taza
- Vainilla, 1
- Semillas de chía, 2 cucharadas de hojuelas de coco, 1/3 taza

Método:

a) Combine todos los ingredientes y esparza uniformemente en una sartén para terrina.
b) Refrigera por una hora.
c) Cuando esté firme y cuajado, córtelo en barras de la longitud deseada y disfrútelo.

39. Calabaza Avena AnytimeSquares

Ingredientes:

- Huevo de lino, 1 (1 cucharada de lino molido mezclado con 3 cucharadas de agua)
- Copos de avena sin gluten, ¾ taza
- Canela, 1 ½ cucharaditas
- Nuez, ½ taza, cortada a la mitad
- Jengibre molido, ½ cucharadita
- Azúcar de coco, ¾ taza
- Polvo de arrurruz, 1 cucharada
- Nuez moscada molida, 1/8 cucharadita
- Extracto puro de vainilla, 1 cucharadita
- Sal marina rosada del Himalaya, ½ cucharadita
- Puré de calabaza enlatado sin azúcar, ½ taza
- Harina de almendras, ¾ taza
- Harina de avena arrollada, ¾ taza
- Mini chispas de chocolate no diario, 2 cucharadas
- Bicarbonato de sodio, ½ cucharadita

Método:

a) Precaliente el horno a 350 F.
b) Forre un molde cuadrado con papel encerado y déjelo a un lado.
c) Combine el huevo de lino en una taza y déjelo reposar durante 5 minutos.
d) Batir el puré con el azúcar y agregar el huevo de lino y la vainilla. Batir de nuevo para combinar.
e) Ahora agregue bicarbonato de sodio seguido de canela, nuez moscada, jengibre y sal. Golpea bien.

f) Por último, agregue la harina, la avena, el arrurruz, las nueces y la harina de almendras y bata hasta que esté bien incorporado.

g) Transfiera la masa a la sartén preparada y cubra con chispas de chocolate.

h) Hornee durante 15-19 minutos.

i) Déjalo enfriar por completo antes de sacarlo de la sartén y cortarlo en rodajas.

40. Barras de calabaza de terciopelo rojo

Ingredientes:

- Remolachas cocidas pequeñas, 2
- Harina de coco, ¼ de taza
- Mantequilla de semilla de calabaza orgánica, 1 cucharada
- Leche de coco, ¼ de taza
- Suero de vainilla, ½ taza
- 85% chocolate negro, derretido

Método:

a) Combine todos los ingredientes secos, excepto el chocolate.

b) Revuelva la leche sobre los ingredientes secos y mezcle bien.

c) Forme barras de tamaño mediano.

d) Derretir el chocolate en el microondas y dejar enfriar unos segundos. Ahora sumerja cada barra en chocolate derretido y cubra bien.

e) Refrigere hasta que el chocolate esté cuajado y firme.

f) Disfrutar.

41. Barras de limón nevado

- 3 huevos, divididos
- 1/3 c. mantequilla, derretida y ligeramente enfriada
- 1 cucharada de ralladura de limón
- 3 cucharadas de jugo de limón
- 18-1 / 2 oz. paq. mezcla de bizcocho blanca
- 1 c. almendras picadas
- 8 oz. paq. queso crema, ablandado
- 3 c. azúcar en polvo
- Adorne: azúcar en polvo adicional

a) En un tazón grande, combine un huevo, mantequilla, ralladura de limón y jugo de limón. Agregue la mezcla para torta seca y las almendras, mezclando bien. Presione la masa en un molde para hornear engrasado de 13 "x 9". Hornee a 350 grados durante 15 minutos o hasta que estén doradas. Mientras tanto, en un tazón aparte, bata el queso crema hasta que esté suave y esponjoso; mezcle gradualmente el azúcar en polvo. Agregue los huevos restantes, uno a la vez, mezclando bien después de cada uno.

b) Retire la sartén del horno; esparza la mezcla de queso crema sobre la base caliente. Hornee por 15 a 20 minutos más, hasta que el centro esté firme; frio. Espolvoree con azúcar en polvo antes de cortar en barras. Hace 2 docenas.

42. Barras de caramelo fáciles

- 12 onzas. paq. chips de caramelo, derretidos
- 1 c. mantequilla ablandada
- 1/2 taza azúcar moreno, envasado
- 1/2 taza azúcar
- 3 huevos batidos
- 1-1 / 2 t. extracto de vainilla
- 2 c. harina para todo uso

a) En un tazón, combine los chips de caramelo y la mantequilla; mezclar bien. Agrega azúcares, huevos y vainilla; mezclar bien.

b) Mezcle gradualmente la harina. Vierta la masa en un molde para hornear de 13 "x 9" ligeramente engrasado. Hornee a 350 grados durante 40 minutos.

c) Dejar enfriar y cortar en cuadrados. Hace 2 docenas.

43. Barra de cereza y almendra

Ingredientes:

- Polvo de proteína de vainilla, 5 cucharadas
- Miel, 1 cucharada
- Batidores de huevos, ½ taza
- ¼ de taza de agua
- ¼ de taza de almendras, en rodajas
- Extracto de vainilla, 1 cucharadita
- Harina de almendras, ½ taza
- Mantequilla de almendras, 2 cucharadas
- Cerezas dulces oscuras congeladas, 1 ½ tazas

Método:

a) Precaliente el horno a 350 F.

b) Cortar las cerezas en dados y descongelarlas.

c) Combine todos los ingredientes, incluidas las cerezas descongeladas, y mezcle bien.

d) Transfiera la mezcla a un molde para hornear engrasado y hornee por 12 minutos.

e) Deje enfriar completamente antes de sacarlo de la sartén y cortarlo en barras.

44. Barras de caramelo crujiente

Ingredientes:
- 1½ tazas de copos de avena
- 1½ tazas de harina
- ¾ taza de azúcar morena
- ½ cucharadita de bicarbonato de sodio
- ¼ de cucharadita de sal
- ¼ de taza de mantequilla derretida
- ¼ de taza de mantequilla derretida

Aderezos
- ½ taza de azúcar morena
- ½ taza de azúcar granulada
- ½ taza de mantequilla
- ¼ de taza de harina
- 1 taza de nueces picadas
- 1 taza de chocolate picado

Direcciones:
1. Lleve la temperatura de su horno a 350 F. Coloque la avena, la harina, la sal, el azúcar y el bicarbonato de sodio en un tazón y luego mezcle bien. Pon tu mantequilla y la mantequilla normal y mezcla hasta que se formen migas.
2. Reserva al menos una taza de estas migas para decorar más tarde.
3. Ahora prepare la sartén engrasándola con un spray y luego ponga la mezcla de avena en la parte inferior de la sartén.
4. Métalo en el horno y hornea un rato, luego retíralo una vez que esté bastante dorado y déjalo enfriar. Luego, lo siguiente es hacer el caramelo.
5. Haga esto revolviendo la mantequilla y el azúcar en una cacerola que tenga un fondo grueso para evitar que se queme rápidamente. Deje que burbujee luego de agregar la harina. De vuelta a la base de avena, agregue las nueces

mixtas y el chocolate, seguido del caramelo que acaba de hacer y, por último, cúbralo con las migas adicionales que apartó.

6. Vuelva a colocarlo en el horno y déjelo cocinar hasta que las barras estén doradas, lo que tardará unos 20 minutos.

7. Después de hornear, enfríelo antes de cortarlo en el tamaño que desee.

45. Bares de palomitas de maíz dos veces cocidos

Ingrésimos:

- 8 cucharadas de mantequilla
- 6 tazas de malvaviscos o mini malvaviscos
- 5 cucharadas de mantequilla de nuez
- 8 cups popped caramel corn or popcorn
- 1 cucharada de nueces picadas
- 1 taza de mini chocolates

Para cubrir:

- ½ ½ cup mini malvaviscos
- ½ taza de mini chocolate chips

Direcciones

1. Sube al horno a 350 grados F.
2. Cubra la parte inferior de una sección cuadrada de 9 pulgadas con papel dividido.
3. En una cacerola grande, derrita la mantequilla. Agregue los mashmallow y revuelva hasta que se derrita por completo. Agregue la mantequilla de nuez y revuelva.
4. Agregue el popcorn y mezcle hasta que todo quede bien. Divida la mezcla en forma separada. Con las manos limpias y dañadas, deja que las palomitas de maíz se tomen y trates de hacer que incluso las palomitas de maíz se sientan bien.
5. Espolvorea con las nueces y las chispas de chocolate.
6. Presente la mezcla restante de la porción sobre la mayor parte de las nueces y el chocolate.
7. Espolvoree con los malvaviscos restantes y los dulces de chocolate, y colóquelos en el otro lado durante 5-7 minutos.
8. Deje enfriar y luego enfríe en el refrigerador antes de cortar.

46. Bases de café sin hornear
Ingredientes:

- 1/2 taza de butter derretido
- 1 1/2 cups Graham cracker crumbs
- Una libra de taza de sorgo (3 a 3 1/2 tazas)
- 1 1/2 tazas de mantequilla de nueces
- 1/2 taza de butter, fundido
- 1 (12 onzas) bolsas de leche con chocolate

Direcciones:
1. Combine migas de galleta Graham, azúcar y mantequilla de maní; mezclar bien.
2. Blend en el butter de cannabies fundidos hasta que se integren bien.
3. Utilice la mezcla siempre en una parte de 9 x 13 pulgadas.
4. Derretir las bolitas de chocolate en una microonda o en una doble hélice.
5. Esparcido sobre una mezcla de mantequilla de nueces.
6. Enfríe hasta que se fije y corte en las barras. (Estos son muy difíciles de cortar si el chocolate se pone duro.)

47. Barritas de limón y almendras

Rendimiento: 32 bates lemon

Ingrésimos:

- 1/4 taza de azúcar granulada
- 3/4 taza de mantequilla con infusión de cannabis (a veces)
- 1 explicación, lo más conveniente
- 2 tazas de harina entera
- 1/4 tabla de asistencia técnica
Para Lemon Bar Batter:

- 6 huevos grandes
- 2 copas suugar
- 1/4 de taza de jengibre cristalizado
- 1/2 taza de harina entera
- 1 cucharadita de cuchara para hornear
- 2 tablas menos bien
- 2/3 taza de jugo de limón fresco
Para Almond Mixture:

- 3/4 de taza de harina
- 1/2 taza de sorgo
- 1/4 de cucharadita de salsa
- 1/4 taza de mantequilla (derretida)
- 1/2 taza de almendras blandas
- Garnishes opcional: una pelea de asugar adorado, crema batida, etc.

Direcciones:

Para la corteza de limón:

1. Prepárese hasta los 350 grados F.
2. Con una batidora de mano o de pie, batir 1/4 de taza de suug, 3/4 de taza de mantequilla y 1 cucharadita de ralladura de limón a velocidad media durante 2 minutos o hasta que la mezcla esté cremosa.
3. En un paquete grande separado, combine 2 tazas de harina y 1/4 de cucharadita de harina. Agregue gradualmente los huevos secos (harina y asado) a la mantequilla, el azúcar y los huevos. Mezcle bien hasta que todo esté completamente integrado.
4. Después de mezclar la pasta cruda, coloque un plato para hornear de 9x13 pulgadas con un poco de pasta para hornear. Coloque el plato verde vacío en el refrigerador para que se enfríe durante al menos 15 minutos antes de hornear.
5. Retire el plato del frigorífico y coloque la masa en el plato hasta que cree un uniforme. (¡No te pierdas las hermanas!)
6. Cocine al horno durante 15 a 20 minutos en su horno precalentado o hasta que esté ligeramente tostado.
7. Retire la corteza del horno y reduzca la temperatura del horno a 325 grados F.
8. Deje que la corteza se asiente a un lado por ahora.

Bar de ForLemon Batter:

1. Batir los 6 huevos y las 2 tazas de azúcar.
2. En un procesador de alimentos o blender, vierte 1/2 taza de harina junto con 1/4 de taza de jengibre cristalizado. Presione los dos ingredientes juntos hasta que estén completamente combinados. Procede para unir la mezcla de harina y jengibre en un tamaño mediano.
3. Agrega 1 cucharada de polvo de hornear a la mezcla de harina y jengibre.
4. Agregue lentamente las masas de harina y jengibre al recipiente que contiene los huevos y el suug.
5. Batir en el jugo de limón y 2 tablas de ralladura de limón hasta que esté completamente integrado y algo más.

6. Vierta la masa de la barra de limón sobre la corteza fría, moviendo y moviendo el plato para que todas las burbujas de aire se escapen.
7. Hornee las barras de limón en su hogar durante 15 a 20 minutos o hasta que el relleno de limón apenas se haya fijado.
8. Retire las barras de color de la noche y colóquelas a un lado por ahora.

Para Sliced Almond Mixture:

1. Revuelva la 3/4 de taza restante de harina, 1/2 taza de suug y 1/4 de cucharadita de sal en un tazón pequeño.
2. Vierta 1/4 de taza de la mantequilla derretida y revuelva los ingredientes hasta que estén bien cegados.
3. Agregue 1/2 taza de almendras blandas y revuelva una vez más.
4. Espolvoree la mezcla de almendra y suug sobre las barras de limón calientes, y luego vuelva a colocar las barras de limón en la otra por 20 o 25 minutos adicionales o hasta que estén ligeramente doradas.
5. Retire las barras de limón de la parte superior y déjelas enfriar en el plato de horneado sobre una rejilla para enfriar por al menos 1 hora.
6. Corte sus barras de león en forma individualqUARS, Y RESERVAR INMEDIATAMENTE CON UN DÍA DE SUGERENCIA PREFERIDA, POR FAVOR.

48. Barra de chocolate

Ingredientes:

- 1/4 cup butter
- Selección de 4 cortes

Direcciones:

1. Derrita la elección en un abrir y cerrar de ojos, se seca la mirada sobre una sartén de agua apenas aparente. Si desea tomar la decisión, agregue su trasero.
2. Una vez que la bebida esté fundida (y templada, si está templando el chocolate), retire el tazón de la tapa y limpie la masa del fondo del tazón.
3. Vierta o coloque una cuchara en sus moldes. Póngalos en el mostrador unas cuantas veces para distribuir el chocolate siempre y ver las burbujas de aire; Luego, trabaje rápidamente, cubra con cualquier tipo de nueces, frutos secos u otros ingredientes que se enjuaguen y resuelvan levemente.
4. También puede mezclar los ingredientes en la selección, como las nueces que se han dicho, lo que se ve, se acelera, se dispara la mezcla y luego se vierte en el molde.
5. Coloque inmediatamente las barras en el refrigerador hasta que estén firmes. Si se usa la elección templada, no debería tomar más de cinco minutos para que se reafirmen. De lo contrario, la elección tardará más.

49. Barras de avena

Tiempo de preparación: 15 minutos Tiempo de cocción: 25-30 minutos Porciones: 14-16

Ingredientes:

- 1¼ tazas de copos de avena a la antigua
- 1¼ tazas de harina para todo uso
- ½ taza de nueces tostadas finamente picadas (ver nota)
- ½ taza de azucar
- ½ cucharadita de bicarbonato de sodio
- ¼ de cucharadita de sal
- 1 taza de mantequilla derretida
- 2 cucharaditas de vainilla
- 1 taza de mermelada de buena calidad
- 4 galletas integrales (8 cuadrados), trituradas
- Crema batida, para servir (opcional)

Direcciones:

1. Precalienta el horno a 350 ° F. Engrase un molde para hornear cuadrado de 9 pulgadas. En un tazón, ponga y combine la avena, la harina, las nueces, el azúcar, el bicarbonato de sodio y la sal. En un tazón pequeño, combine la mantequilla y la vainilla. Agregue la mezcla de mantequilla a la mezcla de avena y mezcle hasta que se desmorone.

2. Reserve 1 taza para cubrir y presione la mezcla de avena restante en el fondo de la bandeja para hornear. Extienda la mermelada uniformemente por encima. Agregue las galletas trituradas a la mezcla de avena reservada y espolvoree sobre la mermelada. Hornee durante unos 25 a 30 minutos, o hasta que los bordes estén dorados. Deje enfriar completamente en la sartén sobre una rejilla.

3. Cortar en 16 cuadrados. Sirva, agregando una cucharada de crema batida si lo desea.

4. Guardarlo en un recipiente de vidrio en el refrigerador ayudará a conservarlo.

50. Barras de nueces masticables

Ingredientes:
- Aerosol para hornear antiadherente
- 2 tazas más
- 2 cucharadas de harina para todo uso, divididas
- ½ taza de azúcar granulada
- 2 cucharadas más
- 2 cucharaditas manteca
- 3½ cucharaditas de mantequilla sin sal, cortada en trozos
- ¾ cucharadita más una pizca de sal kosher, cantidad dividida
- ¾ taza de azúcar morena oscura compacta
- 4 huevos grandes
- 2 cucharaditas de extracto de vainilla
- 1 taza de jarabe de maíz ligero
- 2 tazas de nueces picadas
- Nueces de pacana cortados por la mitad

Direcciones:

1. Precalienta el horno a 340 ° F. Engrase la sartén con un aerosol antiadherente y cúbrala con papel pergamino con un saliente en ambos lados para que pueda levantar fácilmente las barras de la sartén.
2. Utilizando una licuadora o procesador de alimentos, licúa la harina, el azúcar, tipos de mantequilla y ¾ de cucharadita de sal hasta que se combinen. La mezcla formará grumos.
3. Transfiera la masa a la sartén preparada. Presiónala firme y uniformemente en el fondo de la sartén. Perfore la

corteza por todas partes con un tenedor y hornee hasta que esté ligeramente dorado a medio, de 30 a 35 minutos.

4. Usando el mismo tazón del procesador de alimentos, combine el azúcar morena, las 2 cucharadas restantes de harina, una pizca de sal, los huevos, la vainilla y el jarabe de maíz. (Agregue el jarabe de maíz al final, para que no se atasque en el fondo del procesador de alimentos).

5. Pulsa hasta que esté completamente combinado. Convierta la mezcla en un tazón grande y agregue las nueces.

6. Vierta la mezcla de nueces de manera uniforme sobre la corteza horneada. Coloque algunas mitades adicionales de nueces en la parte superior del relleno como decoración.

7. Vuelva a colocar la sartén en el horno y déjela hornear hasta que el centro esté firme de 35 a 40 minutos. En caso de que el interior todavía se mueva, prepárese para un par de minutos más; Si nota que las barras comienzan a hincharse en el centro, quítelas de inmediato. Colóquelos en una rejilla y déjelos enfriar antes de cortarlos en 16 cuadrados (2 pulgadas) y sacar las barras.

8. Almacenamiento: Mantenga las barras en un recipiente hermético a temperatura ambiente durante 3 a 5 días o congélelas hasta por 6 meses. Pueden ser muy pegajosos, así que envuélvalos en pergamino o papel encerado.

CONCLUSIÓN

Las mejores barras de postre generalmente tienen capas de sabor y vienen en muchas variaciones, las posibilidades son infinitas, ¡mira lo que se te ocurre!

Las barras de postre también son un buen regalo de Navidad o cualquier otro regalo para ocasiones especiales para amigos y familiares. ¿Quién no querría recibir un paquete bellamente decorado lleno de barras de postre caseras? ¡Ese podría ser uno de los mejores regalos de todos los tiempos! Tienen una vida útil bastante larga y se pueden hornear con unos días de anticipación. También se pueden almacenar en el congelador si se envuelven firmemente en una envoltura de plástico.

¡Con este libro de cocina, definitivamente hará que sus invitados quieran volver a comer otra plaza!

CPSIA information can be obtained
at www.ICGtesting.com
Printed in the USA
BVHW090055020621
608543BV00009B/1464